AF619862

PERSONNAGES.

LE BAILLI du Village.

MATHURIN, ancien Grenadier.

VALENTIN, Grenadier, cru mort.

LUCAS, Milicien, Cousin de Valentin.

NICOLE, femme de Mathurin.

JUSTINE, Nièce de Mathurin.

La Scène se passe dans le Carrefour d'un Village.

LE REVENANT,

COMÉDIE.

ACTE PREMIER.

Le Théâtre représente une place entourée d'arbres ; au fond, on voit une chaîne de montagnes au bas desquelles est l'ouverture d'une carrière. La maison de Mathurin est à la droite & au fond du Théâtre. Sur le bord du Théâtre, de l'autre côté, est une grange avec une chambre au-dessus, dont les fenêtres donnent sur la place.

SCENE PREMIERE.

MATHURIN, NICOLE.

MATHURIN.

NON, je n'en démordrai pas, not'femme. Je suis oncle de Justine & Monsieur le Bailli ne l'épousera que de son consentement.

NICOLE.

Songez-donc, Mathurin, qu'on nous abandonne le bien de Justine en faveur de ce mariage.

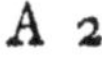

MATHURIN.

Cette condition me revient assez, mais ma Niéce ne l'aime pas, Monsieur le Bailli.

NICOLE.

Elle a tort, il est riche.

MATHURIN.

Il est vieux, elle a raison. Encore une fois, Nicole, ce mariage-là ne s'fera qu'autant que Justine m'en paroîtra contente.

NICOLE.

A la bonne heure.

MATHURIN.

Et si la tricherie que vous lui préparez pour ce soir ne réussit pas, j'entends que Monsieur le Bailli ne la tourmente pas davantage.

NICOLE.

D'accord.

MATHURIN.

Qu'il ne recommence pas le sabat enragé qu'il a fait cette nuit autour de not'maison.

NICOLE.

Sans doute.

MATHURIN.

Et qu'il aille faire le revenánt à tous les diables, car s'il s'y r'frotte dans les environs d'ici, j'ai l'bras bon, comme tu sais.

NICOLE.

Cela suffit.

MATHURIN.

Je suis sûr, que mes voisins n'auront pû fermer l'œil de la nuit, & que tout l'village va se se moquer de moi d'avoir souffert ce tintamare.

NICOLE.

Patience encore jusqu'à ce soir, Mathurin. Tu sçais que j'attends Lucas le milicien, & qu'à l'aide de l'habit de grenadier que j'vais lui faire acheter.

MATHURIN.

Tiens, le voilà qui arrive (*Il va pour sortir.*)

NICOLE, *le retenant.*

Ou vas-tu donc?

MATHURIN.

Où je vais? Eh, parbleu! faire un tour au cabaret, je ne veux point me mêler de vos affaires, toute cette manigance là me déplait.

SCENE II.

LES PRÉCÉDENS, LUCAS, *en veste dont dont les basques sont déchirées.*

MATHURIN.

IL,a, ma foi, bon air ton milicien!.... Ah, ah, ah!... Touchez-là, Monsieur le Grenadier postiche, touchez-là. (*Il lui prend la main, & lui fait faire la pirouette.*) Jusqu'au revoir, ah, ah, ah. (*Il sort en riant.*

SCENE III.

LUCAS, NICOLE.

LUCAS, *contrefaisant Mathurin.*

AH, ah, ah. Faut avouer que vot'mari n'est guères poli, Dame Nicole. Est-ce qu'on rit comme-ç'a au nez des personnes. (*Il va du côté par où Mathurin est sorti.*) Fi Monsieur Mathurin, ça n'est pas bien à vous, & pasque vous êtes un ancien grenadier, il n'faut pas tant vous en faire accroire. (*Il revient sur la scène*) Que veut-il me dire avec son grenadier postiche? C'est queuque sottise sans doute. Postiche vous-même, entendez-vous. Il a fort bien fait de s'en aller, car j'aurois pu me fâcher peut-être, & lui faire voir que Lucas l'milicien a l'bras au bout de la main tout comme un autre.

NICOLE.

Ne parles pas si haut, mon pauvre Lucas, il pourroit fort bien t'entendre.

LUCAS *effrayé.*

Vous croiez. (*Il regarde de tous côtés.*) Oh que nenni, je l'apperçois tout là bas, qui entre chez Simon le cabaretier.

NICOLE.

Dis-moi, n'as-tu rencontré personne de connoissance dans ton chemin?

LUCAS.

Personne de connoissance? Attendez .... Non...

Si fait, j'ai rencontré l'gros chien de la ferme au pié d'la côte. Mais il n'm'a pas voulu reconnoître lui, r'gardez plutôt. (*Il lui montre sa culotte déchirée.*) Vraiment, sans une fille de basse-cour, il y alloit d'un train à ne pas ménager la doublure.

NICOLE.

L'imbécile! Et si cette fille t'a reconnu?

LUCAS.

Elle? Oh! pour ce qu'est d'ç'a, j'pouvons vous répondre du contraire, all n'a pu m'voir que par derrière & ç'à pendant l'tems que je vous détallois comme tous les diables.

NICOLE.

Tu me rassures; vraiment, si queulqu'un te voioit, ça gâteroit toute notre affaire. Ne perdons point de tems, je crains que Justine nous surprenne. Tiens, voilà dix pistoles que Monsieur le Bailli m'a chargé de t'donner pour t'acheter, comme j'en sommes convenu, un uniforme tout pareil à celui de ton cousin Valentin, un bonnet de grenadier, une grande épée surtout.

LUCAS.

Un sabre, que vous voulez dire. Soyez tranquille, j'allons trouver tout çà chez l'père Isaac, ce vieux juif qui a s'te belle maison derrière l'village où il vous tient un magazin de friperie qu'il envoye de tems en tems à la ville. J'nous arrangerons çà d'la bonne manière & j'vous prendrons un air..... (*Il se redresse.*)

NICOLE.

Bon ! un air de grenadier.

LUCAS.

Laissez nous faire, rira bien qui rira le dernier. Il n'y aura que Mam'zelle Justine qui n'rira pas, elle. La pauvre enfant ! çà m'fait pitié.

NICOLE.

Que veux-tu dire ?

LUCAS.

Vraiment, çà s'entend d'reste. All' va croire l'revoir, ce pauvre Valentin, j'lui ressemble comme deux goutes d'eau. C'étoit un si beau garçon que ce cousin là, & qui vous aimoit Mamzelle Justine d'un si bon cœur !

NICOLE.

Oui, mais il s'est fait tuer à la guerre ; partant, tu ne lui fais pas de tort en faisant épouser sa maitresse à Monsieur le Bailli, au contraire tu fais le bien de Justine, tu fais le tien aussi, car Monsieur le Bailli te recompensera de la bonne manière.

LUCAS.

Vous avez raison, j'vois bien que je n'sommes qu'une bête.

NICOLE.

Et l'vrai moyen de faire consentir Justine à c'mariage là, c'est de t'montrer ce soir à elle déguisé comme je l'voulons, de faire comme si tu étois un esprit, un.....

LUCAS.

Un esprit, moi.... Ah, ah, ah, çà s'ra drôle.

NICOLE, *s'impatientant.*

Peſte ſoit du nigaud, veux-tu m'écouter? J'te diſois donc qu'il falloit t'préſenter comme un revenant, une manière de fantôme, & puis ordonner à Juſtine d'épouſer Monſieur le Bailli; & çà paſqu'il l'aime bien, paſqu'il eſt bien riche...Je t'expliquerai tout çà quand tu s'ras d'retour. Allons, ſauve toi: il n'y qu'un pas d'ici chez s'vieux avaricieux d'Iſaac, j't'attends ſous une demie heure au plus tard.

LUCAS.

Et vous m'aſſurez, que Monſieur le Bailli me payera bien?

NICOLE.

Tu peux y compter. Tu n'entreras pas dans la maiſon, tu te cacheras dans cette carrière.

LUCAS.

Sarviteur, Dame Nicole, j'vous ſervirons comme vous l'voulez, pour de l'argent au moins.

SCENE IV.

NICOLE, *ſeule.*

QU'IL eſt intéreſſé ce Lucas! Il a raiſon, rien pour rien, c'eſt l'uſage. Oh! Mademoiſelle Juſtine, vous aurez beau faire, vous ſerez mariée de ce coup-là. J'y ons regardé. La petite folle! refuſer Monſieur le Bailli, un mari vieux & tout couſu d'or. Eh! pour qui? Pour un Amoureux qui s'eſt fait tuer il y a plus de dix-huit mois ; m'est avis que la cervelle lui tourne à ma pauvre Nièce. Comment ? vouloir rester fidelle à un homme qui n'est plus de c'monde, tandis que c'est tout c'que j'pouvons faire pour ceux qui vivont encore. Ç'à ne passera pas, ç'à ne passera pas, j'y mettrons bon ordre.

SCENE V.

LE BAILLI, NICOLE.

LE BAILLI.

Eh bien, ma chère Nicole, notre Milicien est-il venu ?

NICOLE.

Je viens de l'quitter, Monsieur le Bailli.

LE BAILLI.

Vous lui avez remis les dix pistoles que je vous avois données ?

NICOLE.

Oui, Monsieur.

LE BAILLI.

Et vous espérez qu'à l'aide de ce déguisement....

NICOLE.

Tout l'monde y sera trompé, je vous l'assure, on va le prendre pour Valentin lui-même ; il en a déjà toute la ressemblance.

LE BAILLI.

Je ſuis obligé de vous croire ſur votre parole, car Lucas & Valentin me ſont inconnus.

NICOLE.

Il n'y a rien-là d'étonnant. Lucas demeure à plus de quatre lieues de ce Village ; pour Valentin, il y a près de deux ans qu'il en eſt parti ; & vous, Monſieur le Bailli, vous n'êtes ici que depuis un an.

LE BAILLI.

Vous avez raiſon. Il ne s'agit plus maintenant que de convenir de la manière dont Lucas jouera ſon rôle ; s'il s'en acquittoit auſſi-bien que moi, cette nuit..... vous ſçavez..... Eh bien, qu'en dites-vous ?

NICOLE.

Cette nuit vous avez fait des merveilles. Juſtine a eu une peur..... une peur, elle a cru reconnoître la voix de ſon Valentin ; jugez quand elle verra Lucas habillé tout comme lui. En vérité, Monſieur, je ſuis honteuſe de toutes les peines que ma Nièce vous cauſe.

LE BAILLI.

Patience, patience ; à bon chat bon rat..... Elle me fait languir maintenant, mais lorſque je ſerai ſon mari, je prendrai ma revanche.

NICOLE.

J'vous en crois fort capable.

LE BAILLI.

Vous êtes connoiſſeuſe, madame Nicole. Ce n'eſt pas d'aujourd'hui que je m'en apperçois ;

brisons-la, je vous en prie, & parlons de la belle Justine.

NICOLE.

Vous devez lui pardonner, Monsieur. Elle est bien jeune encore; elle ne sent pas son bonheur: ce Valentin lui avoit tourné la tête.

LE BAILLI.

Mais il est mort, ce Valentin, & moi, je ne le suis pas. Je mérite bien la préférence, je crois.

NICOLE.

Sans doute, laissez-moi faire, tout ira bien; Lucas en arrivant, doit se cacher dans cette carrière.

LE BAILLI.

Fort bien.

NICOLE.

Ce soir vous donnez une manière de fête ici; vous faites danser nos filles pour vos accordailles.

LE BAILLI.

A merveille.

NICOLE.

Tandis que les jeunes gens seront à se trémousser, Lucas fera du tintamare dans la carrière, çà interrompra la danse.

LE BAILLI.

Bon, m'y voilà, nous lui fournirons de la poudre, des pétards; les filles, les garçons auront une frayeur..... L'invention est admirable.

NICOLE.

J'ferons paroître Lucas. Alors Justine aura beau faire, elle aura trop d'peur pour refuser rien de ce que je lui f'rons ordonner par sa bouche...... Chut, le voici.

SCENE VI.

LES PRRÉCÉDENS & JUSTINE.

LE BAILLI *allant au-devant de Justine.*

QU'AVEZ-VOUS, belle Justine? Vous me paroissez bien abattue.....

JUSTINE.

J'ai bien du chagrin, Monsieur.

LE BAILLI.

Du chagrin! à votre âge, belle comme vous êtes, on ne doit connoître que la gaïeté; vous l'inspirez si bien partout où vous paroissez!

NICOLE.

Comme il est poli ce Monsieur le Bailli! Mais répondez donc, petite sotte.

LE BAILLI.

Grace, dame Nicole, grace, je vous en conjure; la pauvre petite! ne la grondez pas. Peut-on savoir ce qui le cause, votre chagrin?

JUSTINE.

Ah! Monsieur.

LE BAILLI.

Eh bien ?

JUSTINE.

Il n'eſt que trop vrai, Valentin n'eſt plus.

NICOLE.

Voyez, la belle nouvelle, il y a plus d'un an que tout le pays en eſt inſtruit.

JUSTINE.

Et moi, j'en doutois encore...... N'a-t-on pas vu plus d'un ſoldat crû mort à la guerre ? N'a-t-on pas vu mon oncle Mathurin lui-même, revenir au bout de trois ans, & ça dans le tems que vous étiez prête à vous remarier avec le gros Simon.

NICOLE *lui fermant la bouche.*

Paix donc, Juſtine, paix donc. Monſieur le Bailli n'a pas beſoin d'ſavoir s't'aventure-là.

LE BAILLI, *pendant les deux derniers couplets, eſt allé regarder au pied de la côte, & au bord de la carrière.*

Que lui diſiez-vous ?

NICOLE.

Je lui parlois de Valentin.

LE BAILLI.

Vous avez donc eu des nouvelles poſitives de ſa mort.

JUSTINE.

Hélas ! oui.

LE BAILLI.

Eh ! de qui les tenez-vous ?

JUSTINE.

De lui-même.

LE BAILLI.

De lui même (*bas à Nicole*). Bon ! mon artifice a réussi (*Haut à Justine*). Expliquez-nous donc une chose aussi extraordinaire ?

JUSTINE.

Je ne sçais si j'aurai la force de vous la raconter. L'horloge du Château sonnoit minuit, & je n'étois point encore endormie. Tout-à-coup un bruit affreux de chaînes s'est fait entendre auprès de ma fenêtre. Effrayée d'abord, j'ai voulu me lever pour fuir dans la chambre de mon oncle, lorsque des cris plaintifs, & qu'il me semble encore entendre, ont achevé de me glacer d'épouvante. Immobile alors, & respirant à peine, j'ai cru reconnoître la voix de mon amant.

LE BAILLI.

De Valentin ! Eh ! qu'a-t-il pu vous dire ?

JUSTINE.

» Justine, ... Justine, ... calme ta frayeur, » tu m'es toujours chère, & c'est pour te le prou- » ver que je quitte un instant le séjour des morts. » La fortune & l'amour de Monsieur le Bailli ne » peuvent que te faire couler d'heureux jours ; hâte- » toi de le prendre pour époux. » (*à part*) Cruel Valentin, qu'exiges-tu de moi ? Non, jamais je ne pourrai m'y résoudre.

LE BAILLI.

Votre récit m'a vivement intéressé. (*à Nicole*) Et vous, avez-vous entendu tout ce tintamare ?

NICOLE.

Si j'l'avons entendu ? vraiment que de reste, j'en sommes encore toute malade. Mais voyez ce malavisé ! qu'a-t-il, ... qu'a-t-il besoin de revenir de l'autre monde pour faire peur aux vivans ? Est-ce que j'sommes les causes de sa mort nous ? Que n's'en prend-il à ceux qui l'ont tué ?

LE BAILLI.

Doucement, Madame Nicole, doucement, s'il vous plaît, il ne faut point mal parler des morts. D'ailleurs, à ce que j'en puis juger, ce Valentin étoit un brave garçon.

JUSTINE.

Assurément, Monsieur.

NICOLE.

Oui, oui, c'est vrai.

JUSTINE.

Il avoit un esprit.....

NICOLE.

C'est encore vrai; savez-vous, Monsieur le Bailli, que son pere l'avoit fait étudier ?

JUSTINE.

Il avoit un cœur.....

LE BAILLI.

Oh ! pour le cœur, je jurerois qu'il l'avoit excellent; il le prouve bien, belle Justine, puisqu'uniquement occupé de votre bonheur, il vous conseille de m'épouser. Il sait que je suis votre fait, & que.....

JUSTINE,

JUSTINE, *inquiète.*

Ma Tante, n'entendez-vous pas du bruit ?

NICOLE.

Oui, c'est de ce côté.

LE BAILLI.

Comment, on se querelle, je crois. (*bas à Nicole*) Je crains que ce ne soit notre Milicien.

NICOLE.

Retire-toi, ma fille.

LE BAILLI.

C'est bien dit, retirez vous. (*Justine rentre.*) Le bruit augmente ! Ce sont des ivrognes, peut-être... C'est votre mari.

SCENE VII.

LES PRÉCÉDENS, MATHURIN.

MATHURIN.

OUF ! j'étouffe, j'enrage ! si je les tenois !....

LE BAILLI.

Qu'est-ce donc, Mathurin, qu'avez-vous ?

NICOLE.

Il m'effraye. Qu'est-il arrivé ? Parles-moi ; réponds-moi.

MATHURIN.

Tais-toi, maudite bavarde, tais-toi, ou.....

LE BAILLI.

De la modération, mon ami, de la modération.

MATHURIN.

Allez au Diable..... si j'avois eu un bâton, je vous les aurois..... C'est vous, Monsieur, qui m'exposez à tous ces affronts. » Il n'a pas osé sor- » tir, » dit-on, » le Revenant lui faisoit peur. » Un vieux Soldat, Mathurin avoir peur! eh! de qui ?..... (*Il se promène à grands pas en se tordant les bras.*)

LE BAILLI, *à Nicole.*

Que veut il dire ? Sçauroit-il que c'est moi qui cette nuit.....

NICOLE.

Sans doute ; il a bien fallu que je lui conte çà de bout en bout.

LE BAILLI.

Vous avez très-mal fait, mais très-mal fait.

NICOLE.

Eh bien ! rendez service aux gens, v'là comme ils vous en remercient. Apprenez donc qu'il avoit pris un tricot pour aller étriller le Revenant qui faisoit tant de vacarme autour de not'maison, & ce Revenant, Monsieur, étoit vous en personne.

LE BAILLI.

Vous avez très-bien fait, ma chère Nicole, mais très-bien fait, & je vous en remercie. (*A Mathurin.*) Allons, mon voisin, touchez-là, vous sçavez tout le mystère..... j'aime votre Nièce.

MATHURIN.

Et qu'est-ce que çà m'fait à moi ?..... Si vous aviez

fait moins de bruit encore. ... Les voiſins ont tout entendu, ils en ont informé le Village : les filles, les garçons, tout, juſqu'aux petits enfants, me montrent au doigt, ſe moquent de moi..... J'enrage.

LE BAILLI.

Conſolez vous, mon cher Mathurin, conſolez-vous. Je vais mettre ordre à tout cela, je vais leur parler, ils m'entendront, ils me reſpecteront, j'eſpere. Un homme en place comme moi !

MATHURIN.

(*On entend de grands éclats de rire.*)

Tenez, tenez, ne les v'là-t-il pas encore ; rentre ma femme. (*Il s'arme d'un bâton.*)

LE BAILLI.

Il a raiſon, rentrez, ne craignez rien ; je ſçaurai leur impoſer ſilence. (*A Mathurin, qui veut aller au-devant des Payſans avec ſon bâton.*) Point de violence, y penſez vous ? Les voies de fait ne ſont pas permiſes. Rentrez avec votre femme, mon voiſin, je le veux, je vous l'ordonne.

SCENE VIII.

LE BAILLI, *une Troupe de Payſans.*

LES PAYSANS, *riant aux éclats.*

Ah ! ah ! ah ! ah !

LE BAILLI.

Que veut dire ceci, Meſſieurs ? Pourquoi cet

attroupement ? pourquoi ces ris ? Finiſſez, finiſſez, vous dis-je, ou je me fâcherai.

UN PAYSAN.

Eh ! Monſieur le Bailli, laiſſez nous rire, il n'y a pas de mal à çà.

LE BAILLI.

Comment, il n'y a pas de mal à cela ? Je vous trouve bien plaiſans, Meſſieurs, de vouloir m'apprendre les devoirs de ma Charge. Ignorez-vous qui je ſuis ? le reſpect que vous me devez ? Il n'y a pas de mal à cela ! & moi j'en trouve beaucoup ; extraordinairement, vous dis-je. Pourquoi vous moquez vous de Mathurin ? cela le fâche ; & ſi je ne m'étois pas trouvé-là, ce brave & ancien Militaire vous alloit.....

LE MÊME PAYSAN.

Mais, Monſieur, je n'lui voulons pas d'mal à Mathurin, je l'connoiſſons, je l'aimons tous ; & c'n'eſt que par manière de plaiſanterie que.....

LE BAILLI.

Que..... J'aime la paix moi, je ſuis votre Bailli, je crois ; il eſt de mon miniſtère..... Enfin, retirez-vous.

LE PAYSAN.

A la bonne heure, mais j'ons une grace à vous demander, Monſieur. Mathurin a reſpecté l'Revenant qui nous a tous empêché de dormir ſte nuit, & j'vous prions d'nous permettre de l'étriller d'une manière.....

LE BAILLI, *décontenancé.*

Que voulez-vous dire ?

LE PAYSAN.

C'que vous sçavez aussi bien que nous : que c'est queuque godelureau d'Amoureux d'Justine qui a fait tout s'tintamare. J'vous en faisons l'Juge, Monsieur le Bailli : Valentin est mort il y a plus de dix-huit mois, par ainsi il n'est pas possible que..... (*Ils apperçoivent Lucas habillé en Grenadier, qui se tient à l'entrée de la carrière en faisant des grimaces.*) Je ne vous disons pas d'mal de lui, Monsieur..... Je tremble. (*aux Paysans*) Mes amis, le voyez-vous ! c'est lui.....

SCENE IX.

LES PRÉCÉDENTS & LUCAS.

LUCAS, *d'une voix forte.*

C'EST lui-même.

LES PAYSANS.

Valentin ! sauvons-nous. (*Ils sortent du côté de Mathurin.*)

LE BAILLI, *ne voyant point Lucas, mais feignant aussi d'avoir peur.*

Fuyons aussi pour les mieux tromper ; Dame Nicole va venir prendre notre place.

SCENE X.

LUCAS, *ſeul, avançant ſur la Scène.*

AH ! ah ! ah ! comme ils courent ! mais voyez ces Bélîtres ; ils vous parloient d'étriller le Revenant, Par la morbieu ! s'ils avoient bougé.....

SCENE XI.

LUCAS, NICOLE.

NICOLE.

(*Elle frappe ſur l'épaule de Lucas, qui temoigne la plus grande frayeur.*)

COMME te voilà déguiſé ! je ne m'étonne plus s'ils ont pris la fuite ; oui, voilà tout l'air de Valentin, voilà ſon habit, ſes revers..... bon, tout eſt de même. Oh ! Juſtine y ſera trompée. Allons, retire-toi dans la carrière, j'irai t'y rejoindre avec Monſieur le Bailli, afin de t'faire ta leçon.

LUCAS.

Un moment, Dame Nicole, j'nons pas perdu de temps à not'voyage, & j'mourons d'ſoif & d'faim voyez-vous.

NICOLE.

Eh bien ! j't'porterons du vin, du pain & puis queuque choſe encore.

LUCAS.

La brave femme ! J'oubliois d'vous dire que j'ons dépensé les dix pistoles que vous nous avez données. Cet uniforme est cher, il n'seroit pas juste que çà diminuât not' récompense.

NICOLE.

Tu s'ras content, Monsieur le Bailli t'payera bien. J'y veillerons ; allons, retire-toi.

LUCAS.

Queu bon cœur ! t'nez, il faut que j'vous embrasse. Vous allez venir dans la carrière ? J'vous sarvirons comme vous l'méritez, pour de l'argent au moins.

NICOLE.

On ouvre la porte..... sauve-toi. (*Il entre dans la carrière.*)

SCENE XII.

NICOLE, LE BAILLI.

(*Valentin paroît sur la montagne.*)

NICOLE.

C'EST vous, Monsieur le Bailli ! je vais rappeller Lucas.

LE BAILLI.

Non, ma chère Nicole, rentrez au plus vîte ; Justine consent presqu'à tout. Le recit que je lui ai fait de l'apparition de Valentin, l'a vivement émue. Allez y ajouter encore. Dites-lui que Valentin vous a parlé ; enfin, tâchez de la déterminer. Je vais joindre Lucas, & je passerai delà chez le Tabellion, vous vous y trouverez avec elle. Vous sortirez par la porte du Jardin.

(*Nicole sort, & Valentin arrive sur la Scène.*)

SCENE XIII.

LE BAILLI, VALENTIN.

LE BAILLI, *se promenant sur le devant du Théâtre & ne voyant point Valentin.*

AH ! je suis d'une joie..... la petite personne est à moi maintenant ; elle aura beau faire, elle ne m'échappera pas.

VALENTIN, *ne voyant point le Bailli.*

Voilà donc le lieu de ma naissance ! au bout de deux ans je le revois ! Oui, c'est ici que demeure ma chère Justine ! Elle me croit mort ainsi que tout le pays, elle me pleure..... Ah ! Valentin, quel beau jour pour toi !

LE BAILLI.

Allons trouver Lucas. Bon, le voici. (*A part.*) Ce garçon est Sorcier, je crois, il devine les instants où sa présence est nécessaire. Il ne me connoît pas ; (*haut*) bon jour, mon ami, tu viens de faire des merveilles, & tu parois on ne peut plus à propos.

VALENTIN.

Vous vous méprenez, Monſieur, je n'ai pas l'honneur de vous connoître.

LE BAILLI.

Je le ſçais, mais nous nous connoîtrons, & tu ſeras content de moi, tu peux y compter, je te récompenſerai de manière.....

VALENTIN.

Moi, Monſieur?

LE BAILLI.

Oui, toi. Où vas tu donc?

VALENTIN, *montrant la maiſon de Mathurin.*

Dans cette maiſon.

LE BAILLI.

Quelle imprudence! Juſtine & Nicole viennent de ſortir, elles ne tarderont pas à revenir.

VALENTIN.

Je vais les voir! ah! Monſieur, que je vous remercie! je vais revoir ma chère Juſtine! elle ſçait donc..... Quel moment! mon cœur peut à peine y ſuffire; pardon, Monſieur, mon trouble, ma joie m'empêchent de me ſouvenir à qui j'ai l'honneur de parler. Mais vous connoiſſez Juſtine, elle eſt bien capable de tout faire oublier. Je ne me rappelle, je ne vois qu'elle, ſes traits ſont toujours préſens à mon cœur.

LE BAILLI.

Quel galimathias! en honneur je n'y comprends rien.

VALENTIN.

Mais, Monſieur, Mathurin eſt chez lui peut-être; ſi j'entrois, j'aurois en attendant le plaiſir de l'embraſſer.

LE BAILLI.

En voici bien d'un autre! Rêves-tu? je ne te conçois pas.

VALENTIN.

Je ne vous conçois pas davantage: à coup ſûr vous vous méprenez, Monſieur. (*Il va pour entrer chez Mathurin.*)

LE BAILLI, *le retenant.*

Arrête, te dis-je, tu vas tout gâter.

VALENTIN.

(*A part.*) Quel eſt cet original? (*Haut.*) Monſieur, ce jeu commence à me déplaire, je vous en avertis. Je ne vous connois pas, & votre familiarité m'offenſe.

LE BAILLI.

(*A part.*) Ah! je devine maintenant, Monſieur Lucas veut s'amuſer. Il a de l'eſprit! Oui, Nicole a raiſon, je ſuis ſûr qu'il jouera ſon rôle à merveille. (*A Valentin.*) Adouciſſez-vous, Monſieur le Grenadier, nous ne jouons pas encore la Comédie. Çà, parlez franchement; combien avez-vous payé cet habit?

VALENTIN, *ſouriant.*

(*A part.*) Cet homme a perdu la tête.

LE BAILLI.

Réponds-moi donc, il n'en sera ni plus ni moins, ta récompense sera toujours la même, je te le promets.

VALENTIN.

(*A part.*) Cet homme à coup sûr a perdu la tête, & j'ai eu tort de me fâcher.

LE BAILLI.

Que dis-tu ?

VALENTIN.

Que vous êtes un fou. Sçachez, l'ami, qu'un tel habit ne s'achette point. Il est permis de chercher à mériter l'honneur de le porter. J'ai resté mourant vingt-quatre heures sur le champ de bataille, & je ne crois pas m'être encore acquitté de ma dette.

LE BAILLI.

A merveilles! Cet habit est prodigieux! Il semble qu'il suffise de l'endosser, pour avoir les sentiments les plus élevés.

VALENTIN.

Eh bien, vous reste-t-il quelque chose à me demander ? Puis-je entrer maintenant?

LE BAILLI.

Trève de railleries. Parlons de ce qui te regarde; je suis on ne peut plus content de toi, & pour te le prouver, non-seulement je ne te parlerai plus de ton habit, mais je veux te gratifier encore de ces deux louis. (*Valentin le refuse.*) Je ne m'en tiendrai pas-là, je sens que je t'aime. Tu me parois aussi décidé que spirituel, je veux faire ta fortune. J'ai à Paris un frère, Procureur en la Cour, je veux t'adresser à lui, l'engager à te prendre dans son Etude ; il est vieux, & dans quelques années tu pourras lui succéder.....

VALENTIN.

Je deviendrois Procureur, moi ? Non, non, j'aime mieux verser mon sang pour la Patrie, que de sucer celui des malheureux qu'elle m'ordonne de protéger.

LE BAILLI.

De mieux en mieux. Je n'y puis tenir davantage, il faut que je t'embrasse. Allons, retourne dans la carrière. Souviens-toi sur-tout de bien faire le Revenant ; j'ai commencé cette nuit à faire ton rôle, mais il n'y a que toi qui puisse l'achever.

VALENTIN, *à part.*

Voilà bien le fou le plus plaisant que j'aie encore rencontré ! Mais c'est trop m'arrêter, entrons chez Mathurin.

LE BAILLI, *se jettant entre la porte & lui.*

C'est pousser trop loin le badinage ; je finirois par me fâcher.

VATENTIN, *le faisant pirouetter.*

Malheureux !..... je me déshonorerois si je te traitois comme tu le mérites.

LE BAILLI.

Comment ! coquin, tu oses lever la main sur

moi..... bientôt la Maréchaussée va m'en faire raison, &..... Attends-moi.

VALENTIN, *le poursuivant en lui donnant des coups de plat de sabre.*

La Maréchaussée ! C'en est trop. Tiens, voilà comme on corrige les insolents de ton espèce.

LE BAILLI, *fuyant.*

Au secours, au secours, à l'aide ! Mathurin, Mathurin.

(Valentin le poursuit jusques dans la coulisse.)

SCENE XIV.

VALENTIN, MATHURIN.

MATHURIN, *ouvrant sa porte.*

D'OU vient ce vacarme devant ma maison ? (*Il entrevoit l'habit de Valentin.*) Eh ! camarade, vous pourriez aller vuider vos querelles un peu plus loin.

VALENTIN.

Eh ! mais c'est lui ; c'est Mathurin !

MATHURIN.

Que vois-je ! ce n'est point Lucas, c'est..... je frissonne, c'est l'esprit de Valentin ! Ah ! mon cher ami, ne m'approche pas.

VALENTIN.

Quoi ! tu méconnois Valentin ton meilleur ami. (*Il l'embrasse.*)

MATHURIN.

Je suis mort.

VALENTIN, *le serrant dans ses bras.*

Reprends tes esprits ; c'est Valentin qui vit, qui t'aime. Embrasse-moi, mon cher Mathurin.

MATHURIN.

Ouf !..... je n'en puis plus. Est-il possible ? Oui, c'est toi, tu n'es pas mort..... Ah ! mon cher ami.

VALENTIN.

Eh bien ! tu trembles encore !

MATHURIN.

Ce n'est rien, mon camarade..... c'est la surprise, la joie..... Mon pauvre Valentin !

VALENTIN.

Comment se porte Nicole, ma chère Justine ?

MATHURIN.

Bien, mon ami, bien, elles viennent de sortir. Il faudra que je les prévienne au moins, juge par moi de la frayeur qu'elles auroient..... Elles te croient mort, ainsi que tout le Village, depuis plus d'un an.

VALENTIN.

On l'a cru de même dans mon Régiment. J'ai resté vingt-quatre heures parmi les morts, mon ami, & je dois la vie à nos braves Alliés. Un Officier Américain, voyant que je respirois encore, me fit transporter dans sa tente. Ma blessure étoit considérable, j'avois un coup de feu au travers du corps, & pendant plus de trois mois on a désespéré de ma vie. On m'avoit enlevé mon uniforme lorsque ce digne Officier vint à mon secours, & je ne recouvrai la connoissance & la parole que quelques jours après que mon Régiment fut parti. Mais la jeunesse revient de loin ; les soins de mon Bienfaiteur, ceux de sa généreuse Nation m'ont remis dans l'état où tu me vois. J'ai repassé la Mer il y a deux mois, j'ai rejoint mon Corps, & mon Colonel, en m'honorant du grade de Sergent, m'a fait délivrer un congé de six mois pour achever de me rétablir. Il m'a permis d'épouser ma chère Justine. M'a t-elle bien pleuré, mon ami ?

MATHURIN.

Elle te pleure encore tous les jours, la pauvre enfant ! Va, tu peux être sûr d'être bien aimé.

VALENTIN.

Tu me combles de joie..... Allons, cours les prévenir. Tu ne m'écoutes pas ! A quoi rêves-tu donc ?

MATHURIN.

Je n'puis m'expliquer maintenant. On m'attend chez l'Tabellion, & j'crains qu'on n'vienne me chercher ici. Mon camarade, personne ne t'a vu, il faut te cacher à tous les yeux..... Bon ! bon ! l'aventure sera merveilleuse. Tiens, prends cette clef, c'est celle de c'petit bâtiment que tu vois, il faut t'y retirer. Allons, dépêche-toi, te dis-je, il n'y a pas d'temps à perdre. Nicole & Justine m'attendent, j'vais les rejoindre, & j'reviens tout aussitôt m'enfermer avec toi.

VALENTIN.

Quel est ton dessein ? explique-toi..... Il extravague, je pense. Est-ce que tout le monde est fou dans ce Village ? En voilà deux que je rencontre en un instant.

MATHURIN, *le poussant dans le petit bâtiment.*

Eh bien ! tu seras le troisième, toi ; mais tu n'es pas au bout, je t'en ferai voir d'autres aux dépens desquels je n'tarderons pas à nous amuser.

Fin du premier Acte.

ACTE II.

ACTE II.

SCENE PREMIERE.

VALENTIN, *seul.*

MATHURIN ne revient point ! Les discours qu'il m'a tenus, son empressement à me quitter, sont autant d'énigmes que je m'efforce en vain de deviner. Nicole & Justine, m'a-t-il dit, l'attendoient chez le Tabellion ; cette affaire ne peut me regarder, je n'étois point attendu. Qui peut donc les appeller tous trois chez le Tabellion ? Justine !..... O Ciel ! quelle idée vient s'offrir à mon imagination ? Oseroit-on se jouer de moi ? Mathurin disposeroit-il de sa Nièce en faveur d'un autre ? Ce soupçon est odieux, je rougis d'avoir pu le former. Mathurin est mon ami, un brave & loyal Militaire, & cette classe d'hommes est trop noble pour trahir l'honneur & l'amitié. Mais il ne revient point..... J'entends quelqu'un..... C'est lui ! la joie brille dans ses yeux, & je l'ai pu croire un instant capable de me tromper !

SCENE II.

VALENTIN, MATHURIN.

MATHURIN.

EH bien, mon Camarade, grande nouvelle, Justine se marie. Allons, de la gaieté.

VALENTIN, *inquiet.*

Justine se marie !

MATHURIN.

Oui, je sors de chez le Tabellion ; c'est une affaire presque faite, le contrat est dressé.

VALENTIN, *toujours inquiet.*

Tu l'as donc instruite de mon retour.

MATHURIN.

Moi ? j'en serois bien fâché.

VALENTIN, *en colère.*

Mathurin.....

MATHURIN.

Tu te fâches, je crois..... ah ! ah ! ah ! Je te l'avois bien dit tantôt que s'il y avoit des fous dans le Village, tu n'tarderois pas à être de la compagnie.

VALENTIN.

Finissons ce badinage.

MATHURIN.

Je n'badinons point vraiment. Justine ignore ton retour, & j'venons, Nicole & moi, d'assister à son contrat de mariage avec un Amoureux que tu n'connois pas, qui lui déplaît, à vrai dire, parce qu'il est vieux, mais qui plaît à not' femme parce qu'il est riche, & que j'n'avons pas de dot à compter.

VALENTIN, *avec un dépit concentré.*

Est-ce bien Mathurin qui me parle? Est-il possible que l'appât du gain lui fasse sacrifier le bonheur de sa Nièce & celui de l'ami le plus tendre?

MATHURIN.

Que veux-tu? On dit que c'est la mode à la Ville; faut bien que nous autres Paysans finissions par nous y accoutumer.

VALENTIN.

Je suis anéanti.

MATHURIN.

Calme-toi, çà n'sera rien, mon Camarade.

VALENTIN.

Ton Camarade, malheureux! Regarde cet habit, jamais tu ne méritas de le porter. L'argent n'est rien pour un Grenadier, il ne connoît que la franchise & l'honneur.

MATHURIN.

Touche-là, Valentin, s'que tu viens d'dire a toujours été gravé là; songe qu'ton vieux Camarade n'la jamais oublié.

VALENTIN.

Comment! il se pourroit....

MATHURIN.

Laisse-moi respirer..... Mon ami, faut respecter

les anciens, ou bian y regarder queuque temps avant d'en juger..... Vlà qu'est passé, je n't'en voulons plus maintenant ; je n't'en estimons, je n't'en aimons que davantage. Rassure-toi : c'maudit contrat dont j't'ai parlé n'est pas un conte, l'Tabellion vient de l'dresser, mais il y manque queuque chose encore, & c'queuque chose ne t'fra pas de peine, à c'que j'pouvons imaginer. Il faut donc que tu sçaches que Justine nous a demandé not' avis, & que j'l'y avons conseillé tout bas, en cachette de Nicole, de n'pas se presser. Si t'avois vu sa joie, ste chère enfant ! C'est la première fois que j'lons vu sourire depuis que tu nous as quittés.

VALENTIN.

Mon cher Mathurin, comment t'exprimer toute ma reconnoissance ?

MATHURIN.

Fais son bonheur, je te t'nons quitte du reste.

VALENTIN.

Ah ! mon ami !..... & j'ai pu t'offenser !

MATHURIN.

N'parlons plus d'çà..... parlons d'nous divertir aux dépens d'l'Amoureux de ma Nièce. Il est riche lui, il paiera les violons & nous danserons à sa place.

VALENTIN.

Quel est donc cet homme ?

MATHURIN.

C'est le Bailli ; tu ne le connois pas.

VALENTIN.

Le Bailli ?

MATHURIN.

Lui-même. C'eſt un vieux qui a remplacé depuis un an ſtila que tu connoiſſois.

VALENTIN.

Attends, n'eſt-ce pas un brun..... de taille médiocre ?

MATHURIN.

Juſtement.

VALENTIN.

Eh ! mais c'eſt celui que j'étrillois ſi bien tantôt à la porte de la grange.

MATHURIN.

Monſieur le Bailli.

VALENTIN.

Ma foi, je ne ſçais. C'eſt une eſpèce de fou ; il m'a voulu donner de l'argent, il m'a parlé d'emploi, de Revenant.

MATHURIN.

Juſtement, c'eſt lui-même. Ah ! ah ! ah ! Monſieur le Bailli, Monſieur Lucas, vous vous reſſouviendrez d'avoir voulu faire les Revenants.

VALENTIN.

Lucas !..... mon Couſin !..... le Milicien.

MATHURIN.

Je t'expliquerons tout çà là-haut. Allons, remonte dans ta cachette, il y a encore quelques bonnes bouteilles de vin, il faut nous y mettre en embuſcade, l'ennemi ne peut tarder à paroître, j'ſerons à portée d'éclairer ſes démarches. J'entends du bruit ; allons vîte, ſuis-moi.

SCENE III.

LES PRÉCÉDENTS & LUCAS, *sortant de la carrière, apperçoit le bout de l'habit de Valentin.*

LUCAS.

S'QUE c'est que d'avoir l'imagination frappée de queuque objet, on croit toujours l'appercevoir. Oui, j'ai cru voir comme queuque chose de blanc, comme une manière de fantôme. Faut parler haut, çà f'ra croire que j'nons pas peur. Eh bian ! quand c'en s'roit un, il trouveroit à qui parler, j'ons un sabre avec nous, & qui vous a l'fil d'une façon à faire la barbe au R'venant le plus intrépide. Par la morguenne, si j'en découvrions un à not' rencontre.....

MATHURIN, *par la fenêtre.*

Vlà not' Grenadier.

LUCAS.

On vient d'parler, je crois. Est-ce vous, Dame Nicole ?..... J'ons une soif & une faim de tous les Diables..... Personne ne m'répond ! Je tremble ; il n'y a pt-être personne..... Y a-t-il quelqu'un ici ? Répondez, ou ventrebleu..... (*Il se met sous la fenêtre.*)

VALENTIN, *par la fenêtre.*

C'est Lucas.

LUCAS, *effrayé & se sauvant à l'autre bout du Théâtre.*

C'est la voix de mon Cousin ! C'est fait de moi,

je ſuis perdu ; où fuir ? Mon cher Valentin, j't'demandons pardon, j't'le demandons à deux genoux, épargne le pauvre Lucas, çà n'ly arrivera plus..... J'n'entends plus rien..... Non. Eſt-ce que j'nous s'rions trompé. J'noſons trop nous en aſſurer ; ſtapendant m'eſt avis que je n'voyons rien..... Non..... non...... Reprenons courage. Maudite entrepriſe ! Depuis que j'ai cet habit, il m'ſemble à chaque inſtant que l'eſprit de mon Couſin eſt après moi pour me reprocher la tromprie..... C'eſt mal à toi, Lucas, il n'faut pas s'badiner des morts, & tu pourrois fort bian t'en repentir. Je n'ſçais c'que me donnera Monſieur le Bailli ; mais..... J'apperçois Dame Nicole..... quelqu'un la ſuit ; rentrons dans la carrière.

SCENE IV.

LES PRÉCÉDENTS, NICOLE & LE BAILLI.

NICOLE.

QUEUE mouche vous pique donc Monſieur le Bailli, qu'avez-vous ?

LE BAILLI.

J'étouffe de colère.

NICOLE.

Eh ! pourquoi ? Eſt-ce à l'encontre de Juſtine ? Eſt-ce parce qu'elle n'a pas voulu ſigner le contrat ? Que vous êtes bon d'vous chagriner pour ſi peu de choſe ! Elle ſignera, Monſieur, elle ſignera, j'vous le garantis, & pas plus tard que c'ſoir. Faut aller trouver Lucas.

LE BAILLI.

Lucas ! C'eſt ce coquin qui me met dans l'état où vous me voyez ; mais il me le paiera, ma chère Nicole, il me le paiera, & bien cher je vous le jure.

NICOLE.

Que vous a-t-il donc fait ?

LE BAILLI.

Ce qu'il m'a fait ? Il m'a..... il m'a manqué, Madame ; mais manqué d'une manière..... Le ſcélérat ! ſe jouer à un homme de ma ſorte.

NICOLE.

Que voulez-vous dire ?

LE BAILLI.

Je vous conterai tout cela, & vous frémirez d'indignation, lorſque vous ſçaurez..... Mais il n'eſt pas temps encore..... le contrat n'eſt point ſigné ; lorſqu'il le ſera, Monſieur Lucas aura de mes nouvelles.

NICOLE.

J'n'entendons rien à c'que vous v'nez de nous dire ; non, rien, en vérité ! Lucas vous avoir manqué ! Mais çà n'eſt pas poſſible ; c'eſt bien l'meilleur garçon, l'plus doux, l'plus obligeant, l'plus ſimple.

LE BAILLI.

Le plus ſimple !

NICOLE.

Il eſt vrai qu'il eſt intéreſſé.

LE BAILLI.

Non, ce n'eſt pas-là ſon défaut ; j'ai eu des preuves du contraire. Mais.....

NICOLE.

Mais vous ne le connoiſſez pas comme moi, Monſieur.

LE BAILLI.

Je le connois aſſez, vous dis-je.

NICOLE.

Lucas ?

LE BAILLI.

Eh ! oui, Lucas. Je n'ai pu m'y tromper, j'ai reconnu l'habit dont vous m'aviez fait la deſcription. Le traître !.....

VALENTIN, *à la fenêtre.*

A ta ſanté.

LE BAILLI, *à Nicole.*

Avez-vous entendu ? On nous écoute, je crois. (*Il va ſe placer ſous la fenêtre.*)

VALENTIN, *à Mathurin.*

Tiens, voilà le fou de tantôt.

LE BAILLI, *fuyant près de Nicole.*

C'eſt ce coquin de Lucas.

NICOLE.

Où courez vous, Monſieur ? Raſſurez-vous, ouvrez les yeux, nous ſommes ſeuls. L'Amour, en vérité, vous tourne la cervelle. Lucas eſt dans la carrière, & quand vous l'verrez, j'vous jure que vous ne l'y en voudrez plus, Monſieur le Bailli.

SCENE V.

LES PRÉCÉDENTS, LUCAS.

LUCAS.

(Il est sorti de la carrière à la dernière phrase de Nicole, qu'il est censé avoir entendue.)

C'EST Monsieur le Bailli, j'n'courons aucun risque d'nous montrer. (*Il accourt auprès du Bailli.*)

LE BAILLI, *l'apperçoit & se cache derrière Nicole.*

Le voilà le misérable ! Je sçavois bien, moi, que je ne m'étois pas trompé. (*A Nicole.*) Ne m'abandonnez pas, je vous en conjure.

NICOLE.

Comment? Lucas, est-il possible ?

LUCAS.

Que voulez-vous dire ? C'est Monsieur le Bailli.

NICOLE.

Mais, Monsieur, regardez-le bian, ne vous trompez-vous pas ?

LUCAS.

Je suis Lucas, Monsieur, tout prêt à vous servir. J'espere que vous s'rez content de moi. Dame Nicole a dû vous le dire. Comment nous trouvez-vous sous c'déguisement ? Tredame, c'est que j'vous l'portons..... C'n'est pour nous vanter au moins, mais il y a plus d'un Grenadier qui n'avons pas not'mine. (*A Nicole.*) A propos de çà, vlà donc comme vous t'nez vot' parole? Et ces provisions? Et c'vin? Sçavez-vous que j'sommes sur les dents? Comment voulez-vous que j'fassions not' sabbat tantôt, si vous nous plantez-là sans manger ni boire? Je n'sommes pas un phantôme, voyez-vous. J'voulons bien en faire l'semblant d'vant Mamzelle Justine ; mais vous, morgué, vous y allez d'un train à nous l'faire devenir tout-à-fait, & c'n'est pas-là not' compte.

LE BAILLI.

Je ne puis revenir de mon étonnement. Non, ce n'est pas lui ; il a bien de son air, c'est bien le même habit ; mais, non, ce n'est pas-là son ton, ce n'est pas lui.

NICOLE.

Mais expliquez-vous, Monsieur ; en vérité, je n'y comprends rien.

LE BAILLI.

Ma foi, ni moi non plus. Cependant, oui..... la.....

NICOLE.

Je n'vous entends pas; vous conv'nez que c'n'est point Lucas, quel autre que lui dans le Village?.....

LE BAILLI.

Tout ce qu'il vous plaira ; mais enfin je me suis trouvé-là tantôt avec un Grenadier, j'ai lieu de m'en souvenir, je crois.

LUCAS.

Avec un Grenadier, Monsieur?

LE BAILLI.

Oui, habillé tout comme toi; mais un insolent, un brutal, & qui m'a roué de coups.

LUCAS.

Un Grenadier! habillé comme moi! & qui vous a..... Ah! c'est l'esprit de Valentin, Dame Nicole, il n'en faut plus douter. C'est lui! Malheureux, qu'ai je fait?

LE BAILLI.

Comment! que veux-tu dire, mon ami?

LUCAS.

C'est lui-même, Monsieur, j'lavions déjà vu tantôt..... C'est lui, c'est lui. (*A Nicole.*) T'nez, t'nez, vlà l'chien d'habit que vous nous avez fait acheter, aidez-nous à l'défroquer, je n'voulons plus l'porter..... il nous f'rait tordre le coup. Aidez-nous, aidez-nous, Dame Nicole..... aidez-nous, Monsieur le Bailli. (*Il prend le Bailli pour un Revenant.*) Valentin, ne m'approches pas.

LE BAILLI, *tremblant.*

Il me fait trembler. Verroit-il..... Ciel! seroit-il possible!

NICOLE, *riant de toutes ses forces.*

Ah! ah! ah! ah!

LE BAILLI.

De quoi riez-vous, s'il vous plaît?

NICOLE.

Ah! ah! ah! ah! j'vous en demandons pardon, Monsieur; mais t'nez, c'est que c'est plus fort que nous. Ah! ah! ah! ah!

LE BAILLI.

Mais que trouvez-vous donc-là de ſi plaiſant ?

NICOLE.

Vous, Monſieur, & ſt'autre imbécille. Oh! je m'en ſouviendrai long-temps, j'vous l'aſſure.

LE BAILLI.

C'eſt tout-à-fait honnête à vous, Dame Nicole. Je me flatte au moins que vous me ferez la grace de m'inſtruire du motif qui.....

NICOLE.

Pardi..... rian n'eſt plus clair; nous vlà dans l'tems que les Semeſtres s'en vont chez eux, queuque Soldat aura paſſé par ici, vous vous s'rez trouvé-là, vous l'aurez pris pour Lucas, vous l'y aurez fait des queſtions où il n'aura rien compris, vous vous s'rez échauffé peut-être ?

LE BAILLI.

Comment ? ce Soldat vous connoît, il connoît Juſtine.

NICOLE.

Juſtement, queuque Soldat du Régiment de Valentin.

LE BAILLI.

Il vouloit entrer chez vous, je m'y ſuis oppoſé, j'ai fermé la porte.

NICOLE.

Eh bian ! nous y vlà..... çà l'aura fâché ; les Soldats ne ſont point endurants, &.....

LE BAILLI.

Elle a, je crois, raiſon. Oui, voilà le mot de l'énigme.....

NICOLE.

N'perdons point de temps. Justine pourroit fort bian nous surprendre. Toi, Lucas, retourne dans la carrière, je vais t'y porter c'que j'tai promis.

LUCAS.

Sarviteur, Dame Nicole. Tout st'intamare-là, voyez-vous, m'a par trop brouillé la cervelle.

NICOLE.

Le poltron! Monsieur le Bailli va t'y accompagner, je vais t'y rejoindre moi-même.

LUCAS.

Je s'rons ben en sûreté; voyez Monsieur le Bailli, il a autant d'peur que moi..... (*Suivant Monsieur le Bailil.*) Ne tremblez donc pas Monsieur le Bailli.

(*Lucas & le Bailli entrent dans la carrière.*)

(*Nicole entre dans la maison, & en sort le moment d'après avec une cruche & du pain qu'elle porte dans la carrière.*)

MATHURIN, *à Valentin.*

Eh bian! qu'en dis-tu?

VALENTIN.

Ma foi, je n'puis m'empêcher d'en rire.

MATHURIN.

Patience, mon camarade, je n'sommes pas au bout, j'en allons voir d'autres qui n'seront pas moins drôles. J't'avons prévenu d'tout., il n'faut rien précipiter d'peur d'manquer not' coup. Tiens, vlà Nicole qui porte des provisions à not' prisonnier.

SCENE VI.

NICOLE, JUSTINE.

JUSTINE, *dans la maiſon.*

MA Tante, ma Tante.

VALENTIN.

J'entends la voix de Juſtine! Ah! mon cher ami. La voilà, qu'elle eſt intéreſſante!

NICOLE.

(*Juſtine ſort.*) Eh bien! que viens-tu faire ici?

JUSTINE.

Je vous croyois avec Monſieur le Bailli.

NICOLE.

Il vient de m'quitter..... Qu'as-tu donc? Eſt-ce que tu aurois changé d'avis? Parles, mon enfant, te r'pentirois-tu d'navoir pas ſigné l'contrat? Il en eſt toujours temps. D'ailleurs, tu ſens bien qu'il faudra que çà finiſſe toujours par-là.

JUSTINE.

Ma bonne Tante! C'eſt donc ici que l'eſprit de Valentin s'eſt montré tantôt?

NICOLE.

Toujours ton Valentin dans la cervelle. Eh bien oui. C'eſt là-bas, ſur la Côte, que tous les gens du Village l'ont apperçu, & qu'il vous leur a fait une peur......

JUSTINE.

Monſieur le Bailli me l'a dit. J'aurois bien voulu m'y trouver moi.

NICOLE.

Pour te ſauver comme les autres.

JUSTINE.

Oh ! pour cela non, je vous l'aſſure ; je l'ai trop aimé pendant qu'il vivoit, pour le craindre après ſa mort.

NICOLE.

Eh bian, veux-tu reſter ſeule ici ? Vlà bientôt la nuit toute cloſe, il reparoîtra peut-être encore. (*A part.*) J'voudrois bien qu'elle acceptât la propoſition, çà m'donneroit l'temps de retourner dans la carrière pour y porter ſt'artifice & les piſtolets de Mathurin. Tu ne me réponds pas ? Tu n'oſerois, je gage.

JUSTINE.

Moi ? vous vous trompez, je ne demande pas mieux que d'être ſeule, & ſi vous me le permettiez, je me trouverois bien heureuſe.

NICOLE.

Reſte, mon enfant, reſte, tu ſçais bian que je n'veux que ton bonheur. (*A part.*) A merveilles. J'vais mettre cet inſtant à profit, & paſſer par la porte du Jardin pour qu'elle ne me voye pas.

(*Elle ſort. Juſtine reſte penſive au bord du Théâtre.*)

SCENE

SCENE VII.

LES PRÉCÉDENTS, JUSTINE.

VALENTIN, *à Mathurin.*

ELLE eſt ſeule, mon ami. (*Il deſcend & paroît au bord du Théâtre.*)

MATHURIN.

Où vas-tu donc? L'étourdi! Tu vas l'effaroucher.

VALENTIN.

Paix, mon cher Mathurin, paix. Veillez ſeulement à ce que perſonne ne nous ſurprenne.

JUSTINE.

Je me ſens ici plus à mon aiſe; pauvre Juſtine! ah! comme le cœur me bat!..... C'eſt donc ici que l'eſprit de mon cher Valentin a paru, que j'aurois été contente de le voir! Il ne m'auroit pas effrayé, il m'auroit parlé peut-être. O! toi que j'ai tant aimé, toi que je pleure & que je pleurerai toute ma vie, cher Amant, prends pitié de la malheureuſe Juſtine, daignes t'offrir à ſes yeux. Un inſtant, un ſeul inſtant de ta vue, va lui faire oublier les cruels chagrins qui la dévorent.

VALENTIN, *dans la couliſſe.*

Juſtine.

JUSTINE.

Qu'entends-je? C'eſt ſa voix.

VALENTIN, *paroissant au bord de la coulisse.*

Ma chère Justine.

JUSTINE, *effrayée.*

Juste Ciel! c'est lui! je le vois.

VALENTIN, *toujours à la même place.*

Oui, c'est moi qui t'appelle, dissipes ton effroi. Je ne viens ici que pour toi seule, ô ma chère Justine! Ouvre les yeux, rassure-toi, c'est Valentin, c'est l'Amant le plus tendre.

JUSTINE.

Oui, c'est lui-même, je le reconnois; tout mort qu'il est, ses traits ne sont presque pas changés.

VALENTIN.

Ah! mon cœur ne l'est pas; si tu pouvois y lire, si tu sçavois combien il t'adore! Eloigné de toi depuis deux ans, aucun jour ne s'est écoulé sans que ce cœur plein de ta chère image n'ait volé vers les lieux où tu respires. Les devoirs de mon état, le tumulte des Camps, les horreurs de la Guerre, les approches de la mort même.....

JUSTINE, *sanglotant.*

De la mort! ah, Dieu!

VALENTIN, *avançant quelques pas.*

Rien n'a pu me distraire de l'amour que tu m'as inspiré. Crois-moi, ma Justine, ce sentiment m'est plus cher que la vie, ton Amant le conservera même au-delà du tombeau.

JUSTINE.

Au-delà du tombeau! Malheureuse! c'en est donc fait! Ah! mon ami, combien tu m'affliges;

combien tout ce que tu me dis ajoute à mon désespoir ! Je ne vivois que pour toi, tu le sçais, & cependant tu as la cruauté de m'ordonner de vivre pour un autre. Ingrat ! Eh ! le pourrois-je. Ah ! s'il est possible que la désolée Justine puisse t'intéresser encore.....

VALENTIN, *avec force.*

Tu peux en douter ? Tu croirois.....

JUSTINE.

Ah ! Valentin, ne te fâches pas. Je vais obéir, mon ami, je vais épouser le Bailli puisque tu l'ordonnes.

VALENTIN, *accourant & lui saisissant la main.*

Te l'ordonner. Ah ! ne le crois pas.

JUSTINE, *tombant sur un banc.*

Ciel !

VALENTIN.

Justine ! ma chère Justine ! Elle est évanouie.

MATHURIN, *accourant.*

C'est ta faute aussi. Mais voyez quelle imprudence. Je t'l'avois bien dit ; éloigne-toi, çà ne sera rien, mon ami, v'là qu'elle revient. J'apperçois de la lumière, on vient à nous : allons, suis-moi.

SCENE VIII.

LES PRÉCÉDENTS, LE BAILLI, *suivi d'un Paysan.*

LE BAILLI, *au Paysan, qui est chargé de lanternes.*

QU'ON se dépêche d'allumer ici. Les filles & les garçons vont arriver à la fête que je vais donner, les Ménétriers sont avertis. Dépêche-toi, mon ami, dépêche-toi.

JUSTINE, *revenant à elle.*

Ah! Valentin?... Que vois-je? C'est ce vilain Bailli.

LE BAILLI.

On m'a nommé? C'est Justine. Vous êtes bien intrépide de demeurer ici seule & sans lumière.

JUSTINE, *regardant de tous côtés.*

Il est disparu.

LE BAILLI.

De qui parlez-vous? Vous ne me répondez pas?

JUSTINE.

Eh! Monsieur, de grace, laissez-moi. J'ai beau regarder, il est disparu! Peut-être, hélas! ne le reverrai-je plus?

LE BAILLI.

Vous avez l'air effrayée! quelque vision, quelqu'apparition peut-être cause le trouble qui vous agite; c'est votre faute aussi, vous refusez de m'époufer, & Valentin vous tourmentera jufqu'à ce que vous ayez fuivi fes confeils.

VALENTIN, *par la fenêtre.*

Le fourbe !

LE BAILLI, *à Juftine.*

Hé ! Plaît-il ?

JUSTINE.

Aurois-je pu croire que Valentin fut capable de m'ordonner d'en époufer un autre ?

LE BAILLI.

Mais, fongez donc qu'il eft mort, belle Juftine, & que ne pouvant plus vous poffédez, il vous donne des marques de l'attachement le plus extraordinaire. Il fçait combien je vous aime, & que lorfque je ferai votre époux vous ferez la femme la plus heureufe.

JUSTINE.

Heureufe ! mais je ne vous aimerai jamais.

LE BAILLI.

Suivez les avis de Valentin, vous verrez.....

JUSTINE.

Et mais, Monfieur, quand Valentin reviendroit pour me l'ordonner encore, il fçait bien que cela m'eft impoffible. Je puis bien devenir votre femme, mais vous aimer, mais être heureufe !..... Laiffez-moi, Monfieur, laiffez-moi, j'ai tout perdu.

SCENE IX.

LES PRÉCÉDENTS, NICOLE, *Troupe de Paysans & de Paysannes.*

UN PAYSAN.

J'TE dis que c'n'est point un conte, j'l'ons vu là sur la Côte, & çà comme je r'venions des champs.

UN AUTRE PAYSAN.

Çà n'est pas possible.

UNE VIEILLE PAYSANNE.

Et moi j'te dis qu'il a raison, car j'l'ons vu aussi, & c'étoit bian lui-même. Mais il étoit grand, grand, grand... N'est-il pas vrai, Monsieur le Bailli?

LE BAILLI.

De qui parlez-vous ?

LA VIEILLE PAYSANNE.

De Valentin, Monsieur, & c'n'est pas d'aujourd'hui qu'il revient.

LES PAYSANS.

Ah! ah! ah! ah!

LE BAILLI.

Vous avez tort de rire, mes enfants, rien n'est plus véritable. (*A Nicole.*) Où est donc votre mari?

NICOLE.

Çà ne s'demande pas, il est au cabaret, & j'n'en sommes pas fâchée; car vous sçavez bien qu'il nous a ſignifié qu'il n'vouloit pas s'mêler de tout'ſt'aventure-là.

LE BAILLI.

A la bonne heure. J'ai fait la leçon à Lucas ſur ce qu'il avoit à dire. Son diſcours eſt en Vers de ma façon ; il falloit que cela fut comme çà pour en impoſer davantage. Vous l'entendrez, & vous en ſerez contente, je crois. Avez-vous eu ſoin de lui porter tout ce qu'il lui falloit ?

NICOLE.

A Lucas ! Sans doute, je lui ai porté les piſtolets de Mathurin, avec ſt'artifice dont nous ſommes convenus c'matin. Vous allez entendre l'tapage tout-à-l'heure ; il attend, pour s'mettre en train, que vous ayez ouvert la danſe. Allons, Juſtine, de la gaieté, mon enfant, c'eſt pour toi que Monſieur le Bailli donne la fête, il faut que t'étrennes les violons. Tu n'veux pas ? Eh bian, j'vais commencer, moi, çà t'mettra en train peut-être. C'que c'eſt que la jeuneſſe d'à-préſent, çà ne nous vaudra jamais. N'eſt-il pas vrai, Monſieur le Bailli ?

LE BAILLI.

Cela n'eſt pas tout-à-fait juſte, mais cela nous conſole. Allons, Dame Nicole, tâchons de ſoutenir notre réputation.

(*Ils commencent un Menuet.*)

SCENE X & *derniere.*

(On entend un bruit de pistolets. La carrière est éclairée & l'on en voit sortir de la flamme.)

LES PRÉCÉDENTS & LUCAS, *au bord de la carrière.*

LE BAILLI, *feignant d'avoir peur.*

QUEL bruit affreux ! Ciel ! Que vois-je ?

NICOLE, *feignant aussi d'avoir peur, & se refuge auprès du Ballli.*

Ah ! Monsieur.

LES PAYSANS & LES PAYSANNES, *se rassemblent en groupe.*

C'est Valentin !

JUSTINE, *plus attendrie qu'effrayée.*

Oui, c'est lui-même.

LUCAS, *faisant quelques pas.*

C'est Valentin que tu revois encore ;
De tes délais il est blessé.
Comble les vœux du Bailli qui t'adore,
Ou crains un Amant offensé.

NICOLE.

Justine, hâte-toi de lui répondre, sa présence nous fait trembler.

JUSTINE.

Mais, ma Tante, je lui ai déjà dit que je consentois à tout.

LE BAILLI, *à Lucas.*

Monſieur Valentin.....

LUCAS, *avançant encore.*

C'eſt à Juſtine de répondre. Eh bien, Juſtine, épouſes-tu Monſieur le Bailli ?

JUSTINE, *tremblante.*

Valentin, tu ſçais bien que tantôt.....

LUCAS, *avançant encore.*

Epouſe-tu Monſieur le Bailli ?

VALENTIN, *ſaiſiſſant Lucas au collet.*

Non, je m'y oppoſe.

LUCAS.

(*Il va tomber aux pieds du Bailli & le renverſe avec lui.*)

Miſéricorde ! C'eſt mon Couſin.

LE BAILLI, *tombant.*

Je ſuis mort.

NICOLE, *jettant des cris affreux & tombant ſur le Bailli.*

C'eſt l'eſprit de Valentin, il va m'étrangler.

MATHURIN, *riant.*

Ah ! ah ! ah ! (*Valentin & lui courent à Juſtine qui eſt prête à tomber.*) Raſſure-toi, ma chère enfant, c'n'eſt point un Revenant, c'eſt un bon vivant ; c'eſt Valentin qui vit, qui t'aime.

VALENTIN, *l'embraſſant.*

Ma chère Juſtine.....

LUCAS, *toujours à terre.*

C'eſt vous, Monſieur le Bailli, qui l'avez voulu.

JUSTINE.

Mon cher Valentin.

MATHURIN, *fait des efforts pour relever le Bailli, Nicole & Lucas, qui tous trois font des cris affreux.*

Ah! ah! ah! Relevez-vous, brave Grenadier; raſſure-toi, ma femme; raſſurez-vous, Monſieur le Bailli, vous en s'rez quitte pour la peur. (*Ils ſe relevent tous trois.*)

NICOLE.

Comment?

VALENTIN.

Embraſſez-moi, ma chère Nicole. La frayeur que je viens de vous cauſer me venge aſſez du tour que vous m'avez voulu jouer. Pour vous, Monſieur le Bailli, j'eſpère que vous oublierez l'aventure de tantôt; l'indigne artifice dont vous uſiez pour m'enlever ma Maîtreſſe, m'acquitte, je crois, entièrement avec vous.

LE BAILLI.

Je ſuis joué, je le vois à préſent. Monſieur Mathurin, vous étiez de moitié.....

MATHURIN.

Çà vous plaît à dire, Monſieur le Bailli, not' bourſe, ni nos épaules n'en ont rien reſſenti. De quoi vous aviſiez-vous auſſi? Eſt-ce que les Gens de Juſtice ne devrions pas reſpecter le bien d'autrui?

LUCAS.

Mon Cousin, c'est dame Nicole, & Monsieur le Bailli qui sont la cause.....

VALENTIN.

Va, je te pardonne, garde-toi seulement d'endosser jamais un habit que ta lâcheté déshonore.

LUCAS.

Oh! Je vous jure qu'on ne m'y rattrappera pas.

MATHURIN.

Oublions tout, mes amis, & ne songeons qu'à célébrer l'heureux retour de mon brave Camarade. A demain la nôce. Vous en serez, Monsieur le Bailli? Les frais ne seront pas chers.

LE BAILLI.

Je le crois, je les ai bien payés.

FIN.

APPROBATION.

Lu & approuvé ce 25 Juillet 1786. SUARD.

Vu l'Approbation, permis d'imprimer ce 26 *Juillet* 1786. DE CROSNE.

www.ingramcontent.com/pod-product-compliance
Ingram Content Group UK Ltd.
Pitfield, Milton Keynes, MK11 3LW, UK
UKHW021654260726
13994UKWH00003B/1457